11. Heimatschrift für das östliche Unterallgäu

Türkheimer Erinnerungen an Joseph Bernhart und an die Joseph-Bernhart-Gesellschaft

Alois Epple

FSC
www.fsc.org
MIX
Papier aus verantwortungsvollen Quellen
Paper from responsible sources
FSC® C105338

Bibliografische Information der Deutschen Nationalbibliothek: Die Deutsche Nationalbibliothek verzeichnet diese Publikation in der Deutschen Nationalbibliografie; delaillierte bibliografische Daten sind im Internet über dnd.dnb.de abrufbar

Verlag: BoD · Books on Demand GmbH, In de Tarpen 42, 22848 Norderstedt, bod@bod.de
Druck: Libri Plureos GmbH, Friedensallee 273, 22763 Hamburg
ISBN: 978-3-7693-5010-4

Vorwort

Letztes Jahr wurde die Joseph-Bernhart-Gesellschaft 50 Jahre alt. Da denke ich zurück an damals, als ich dieser Gesellschaft beitrat und da kommen einige Erlebnisse wieder in die Gedanken. Ja, selbst an Joseph Bernhart kann ich mich noch erinnern. Diese Erinnerungen möchte ich hier präsentieren. Sie sind zwar nicht besonders interessant und meist nicht einmal amüsant, aber ich möchte nicht, dass sie ganz verschwinden. Und dann sollen durch diese Publikation auch noch einige Bilder gerettet werden, die sonst wohl einmal im Wertstoffhof endgültig verloren gehen würden.

Dieses Büchlein beschränkt sich auf Türkheim und hier speziell auf meine Erlebnisse. Vielleicht ist es einmal ein Mosaiksteinchen für eine umfassende Darstellung. Dieses Büchlein ist auch der dritte Teil meiner Biographie. Den ersten Teil veröffentlichte ich noch anonym (Norbert Geyer: Lehrer – sein – Was Lehrer leisten müssen und was sie sich alles leisten, Norderstedt 2019). Als zweiten Teil zähle ich meine Bibliographie, veröffentlicht in Jelena Stojkovic (Hg.): Windhauch, Norderstedt 2020.

Diese Schrift sei auch eine Werbung für das Ehrenamt. Ich bin nun 39 Jahre in der Vorstandschaft der Joseph-Bernhart-Gesellschaft tätig, zunächst als Schriftführer, dann auch als Kassier und seit 2011 als Geschäftsführer. Gerade dadurch kam ich mit vielen interessanten Menschen in Kontakt:
Ich war noch nicht lange in der Gesellschaft, da rief mich Frau Wenger an, ich solle einen Herrn Fries, der mir bis dahin völlig unbekannt war, von Bad Wörishofen, wo dieser gerade Kur macht, zur Jahresversammlung der Bernhart-Gesellschaft nach Krumbach im Auto mitnehmen. Auf der Fahrt nach Krumbach redeten wir zunächst über Bernhart und dann über Religion. Auf der Höhe Mindelheim sagte ich zu meinem

Mitfahrer: „Ich weiß nicht, ob Sie Theologie nicht langweilt, ob sie viel davon verstehen, ob wir nicht das Thema wechseln sollten?" Darauf meinte Prof. Fries, dass er durchaus etwas von Theologie versteht und dass Kardinal Ratzinger ein Duzfreund von ihm ist. Am nächsten Tag kam im Radio (BR) ein Interview mit dem berühmten Theologen Prof. Dr. Heinrich Fries. Da hab ich mich also sauber blamiert!
1999 starb Prof Dr. Heinrich Fries und Prof. Dr. Peter Neuner schrieb über ihn eine Kurzbiographie, welche die Bernhart-Gesellschaft als Jahresgabe heraus brachte. Als der Duzfreund dann Papst wurde schickte ich ihm diese Schrift und erhielt am 4. September 2006 folgende Antwort: „Seine Heiligkeit [Papst Benedikt XVI.] hat mich beauftragt, Ihnen für Ihre freundlichen Zeilen sowie für diese aufmerksame Gabe [Peter Neuner: Heinrich Fries – Ein Leben im Dienst der Ökumene, Weißenhorn 1999] zu danken, die Ihre Verbundenheit mit dem Nachfolger Petri und mit seinem universalen Hirtendienst zum Ausdruck bringt. Papst Benedikt XVI. schließt Sie und Ihre Anliegen in sein Beten ein und erteilt Ihnen von Herzen den Apostolischen Segen."

Bei einer Jahrestagung in Krumbach durfte ich den Vortrag „40 Jahre Bernhart-Gesellschaft" halten und einen Artikel im Jahrbuch für Augsburger Bistumsgeschichte schreiben. Am 12. Dezember 2013 schrieb mir Dr. Theo Waigel: „…in der Jahresgabe habe ich nochmals Ihren bemerkenswerten Artikel gelesen und möchte Ihnen auch noch zu Ihrem humorvollen Vortrag in Krumbach gratulieren. Es war wohltuend und humorvoll, wie Sie die letzten Jahrzehnte Revue passieren ließen!" Zu meinem 70. Geburtstag schrieb mir wieder Dr. Theo Waigel: „Uns hat Joseph Bernhart zusammengeführt, bei mir war es Anfang der 70er Jahre die Lektüre der ersten Erinnerungen von Max Rössler [Max Rössler (Hg.): Joseph Bernhart – Erinnerungen, Köln o.J.] und der gemeinsame

Geburtsort und der gemeinsame Taufstein in Ursberg. Bei Ihnen war es das lange Leben, der Tod und das Grab von Joseph Bernhart in Türkheim. Mir hat Ihre tiefsinnige und doch humorvolle Art im Leitungsgremium der Joseph-Bernhart-Gesellschaft immer gut gefallen."

All dies wäre nicht gewesen, wäre ich nicht in dieser Gesellschaft tätig geworden. Natürlich ärgerte ich mich, wenn ich sah, wie Lehrerkollegen kämpften, wenn es um die Vergabe von beförderungsnotwendigen Funktionsstellen ging und wie sie sich zurück hielten, wenn Ehrenämter zu vergeben waren. Trotzdem fühle ich mich heute wohler und zufriedener.

Die meisten Bilder stellte mir Ludwig Seitz, Türkheim zur Verfügung.

Erinnerungen an Joseph Bernhart

Es gab bei uns zu Hause zwei Bücher von Joseph Bernhart: „Der Vatikan als Weltmacht“ und „Der stummer Jubel“. Gelesen hat sie keiner, denn, so meinten meine Eltern und meine „Tante“ Theresia Meichelböck, dass man sie nicht lesen kann, dass sie viel zu schwierig sind. Mein Vater wusste ergänzend, dass selbst Bernhart den Vatikan nicht allein hätte schreiben können, dass er dieses Werk nur durch die Unterstützung seiner Frau fertig brachte. Diese soll ihrem Mann vor allem die nötige Literatur besorgt haben. Und dann wussten meine Eltern noch vom „Kaplan“. Dieses Buch gab es bei uns natürlich nicht, denn es soll auf dem Index stehen, es sollen so schlimme Sachen darin stehen, dass man es als Katholik gar nicht lesen darf. Auf meine Nachfrage, was denn da so Schlimmes geschrieben steht, antwortete man mir, dass in diesem Buch Bernhart schildert, wie ein Pfarrer, als der neue Kaplan sich ihm vorstellt, recht grob gab – eine theologische Ungeheuerlichkeit!

Dann wurde noch erzählt, dass es schon vor der Primiz Bernharts klar war, dass der einmal seinen Beruf als Priester aufgeben würde. In der Nacht vor seiner Primiz in Türkheim brach nämlich der Primizbaum, den man zuvor in der Sternstraße in Türkheim aufgestellt hatte. Ein untrügliches Zeichen!

In unserer Nachbarschaft wohnte Bernharts „Zugehfrau“, die Frau Hildegard Fröhlich[1]. Ihr Bruder, ein Fabrikarbeiter, hatte ein kleines, bescheidenes Haus. In diesem lebte er mit seiner Frau, seinen fünf Kindern – vier davon wanderten später nach Kanada aus - und seiner Schwester. Die Schwester, schon früh

[1] Manfred Weitlauff (Hg.): Joseph Bernhart – Tagebücher und Notizen 1935 – 1947, Weißenhorn 1997, S. 820

kinderlos Witwe geworden, hatte hier ein Zimmer. In diesem wohnte sie, dort schlief sie, dort kochte sie. Arbeiten ging sie täglich zum Herrn Professor Bernhart. Damals war ein Rätsel für mich, dass man sich als Schriftsteller eine Haushälterin leisten kann. Meine Mutter meinte: „Viel wird sie nicht verdienen, was wird sie auch schon brauchen, außer das Essen?".

Nach der Erstkommunion wurde ich Ministrant in der Pfarrkirche. Das war die Zeit, als bei einer gewöhnlichen hl. Messe nur zwei Ministranten ministrierten. Die anderen anwesenden Ministranten knieten bei der Messe im Chorgestühl im Altarraum. Das Chorgestühl war für den Mesner und die Lausbuben Gottes reserviert.
Joseph Bernhart besuchte üblicherweise die hl. Messe in der Kapuzinerkirche, welche nicht weit von seinem Wohnhaus entfernt war und wo täglich mehrere Messen von den Kapuzinern gelesen wurden. Selten, besonders an Hochfesten, kam er auch in die Pfarrkirche. Allerdings ging er nicht durch einen der beiden Haupteingänge in die Kirche, sondern durch die Sakristei. In der Sakristei begrüßte Bernhard den anwesenden Pfarrer oder Kaplan und wir begrüßten ihn mit „Gelobt sei Jesus Christus". Dann ging er von der Sakristei aus direkt ins Chorgestühl hinaus, welches vom Kirchenschiff aus nicht einsehbar war. Ich hielt dies damals nicht für in Ordnung, denn das Chorgestühl war eigentlich dem Mesner und den Ministranten vorbehalten und nicht einem Schriftsteller, der wegen einer Frau seinen Priesterberuf aufgegeben hatte.

Als ich elf Jahre alt war feierte Joseph Bernhart seinen 80. Geburtstag. Der Gesangsverein Türkheim brachte ihm ein Ständchen. Mein Vater sang auch mit. Alle Sänger erhielten vom Jubilar zum Dank das Büchlein „Die erste Bergfahrt". Ich las es und fand es ganz amüsant. Was mich beeindruckte war der Anfang, wo Bernhart schreibt, dass Poesie ist, wenn nicht ich die Berge anschaue sondern wenn die Berge mich anschauen.[2] Für mich war das egal, wer wen anschaut und meine Liebe zur Poesie wurde dadurch nicht geweckt. Aber die Erlebnisse während der Bergfahrt waren ok.

Nördlich von Türkheim liegt eine Endmoräne. Wir Kinder durchstreiften gerne dieses Gebiet. Dort gab es alte Eichen und vernässte Wiesen mit „Schmarollen". Dies waren so gelbe Blumen mit kugelförmigen Köpfen. Die pflückte ich besonders gerne für meine Mutter. Es war ein ruhiges Gebiet. Selbst Bauern sah man hier selten, denn man konnte hier nur einmal im Jahr Heu ernten. Bei Föhn aber hatte man von dort aus einen schönen Ausblick aufs Gebirge. Manchmal geschah es, dass ich auf den Haldenberg ging und dort, wo früher der Fußballplatz von Türkheim war, einen alten VW-Käfer parken sah. Dann wusste ich, Joseph Bernhart mit seiner Chaffeuse waren nicht weit entfernt. Und bald schon sah ich sie. Er hatte eine Kappe auf dem Kopf, stützte sich auf einen Gangstock und wirkte etwas zusammen gesunken. Er und Frau Wenger wanderten den Weg entlang, grüßend an mir vorbei.

Das Haus nördlich von Bernharts Grundstück gehörte Gertraud Drexel und ihrer Mutter. Gertraud hatte an der Akademie in München Malerei studiert und war eine hervorragende Porträtistin. Ich besuchte sie manchmal um ihre gemalten Bilder zu bewundern und mich mit ihr zu unterhalten. Bei einem dieser Besuche bewunderte ich auch

---

[2] Joseph Bernhart: Die erste Bergfahrt, München 1958, S. 6

Joseph Bernhart, Öl auf Lwd., 50 x 65 cm, von Gertraud Drexel 1945, Privatbesitz, aus Claudia Hofmann: Gertraud Drexel – Porträt einer Türkheimer Malerin, Türkheim o.J.

ein Porträt Joseph Bernharts auf einer Staffelei stehen.[3] Die Frau Drexel meinte, dass es noch nicht fertig ist. Wenn ich dort aus dem Fenster schaute oder mit der Künstlerin durch den Garten ging, dann sah ich manchmal hinter dem Zaun den südlichen Nachbarn langsam und gedankenversunken durch seinen Garten gehen. Als mein Vater mit dem Arbeiten aufhörte wollte er das Drexelhaus kaufen. Dann wäre ich gar Bernharts Nachbar geworden. Jedoch die Kaufverhandlungen zerschlugen sich. Mindestens zweimal malte Gertraut Drexel eine Porträt von Joseph Bernhart: 1945 und 1966. Auch meine Mutter und ich ließen uns von ihr porträtieren. Aber das ist eine andere Geschichte.

Nach der Volksschule ging ich zu den Maristen in die Realschule nach Mindelheim. Dort hatte ich den Dr. Helmut Lutzenberger als Mathematiklehrer. Mir kam dieser Lehrer anfänglich etwas seltsam vor. Wieso unterrichtet ein Doktor der Philosophie an einer Realschule und nicht an einem Gymnasium Mathematik? Egal. Er war mein Klassenlehrer und für mich war er ein hervorragender Mathematiklehrer. Einmal marschierten wir am Wandertag zur Katzbruimühle. Ich erinnere mich noch recht gut an folgendes Gespräch. Es muss in der Nähe von Köngetried gewesen sein. Ich ging neben ihm, ich redete mit ihm und ich weiß nicht mehr warum, auf jeden Fall meinte er, dass er Joseph Bernhart kennt. Da war ich nun doch sehr überrascht. Wieso kennt ein Mindelheimer Mathematiklehrer unseren Türkheimer Bernhart? Später goggelte ich und stellte fest, dass Helmut Lutzenberger an der Münchner Universität 1962 mit dem Thema „Das Glaubensproblem in der Religionsphilosophie der Gegenwart in der Sicht von Karl Jaspers und Peter Wust“ promovierte und in diesem Zusammenhang auf Bernhart

---

[3] Dieses Porträt ist abgedruckt als Umschlagbild des Buches: Manfred Weitlauff (Hg.): Joseph Bernhart – Erinnerungen (1. Teil), Weißenhorn 1992

gestoßen sein muss. Meine Achtung vor meinem Mathematiklehrer führte dazu, dass ich in Zukunft Joseph Bernhart mehr in meinem Blickwinkel behielt und Mathematik mein Lieblingsfach wurde.

Als ich 18 Jahre alt war starb Joseph Bernhart. Auf seinem Grab fanden sich viele Kränze und nach dem Bericht und einem Bild in der Mindelheimer Zeitung muss es eine große Beerdigung gewesen sein. Im örtlichen Schreibwarengeschäft Guntner wurden die Bücher „Die erste Bergfahrt" und „Da rief Er ein Kind…" und eine Schallplatte zum Kauf in das Schaufenster gestellt. Ich kaufte die Schallplatte. Auf dieser las Bernhart aus seinen Werken. Ich erinnere mich noch daran, dass er dort las: „Ich halte deine Hand in meiner Hand…" aus seinem Buch „De profundis". Ja, diese Stelle beeindruckte mich schon, auch wie er sie vorlas.

Deshalb las ich nun ab und zu öfter Bernhart. Gleichwohl, ich wollte seinen Stil damals nicht, er war mir zu geschwollen, zu substantivlastig. Muss man denn alles so kompliziert ausdrücken, so verschachtelt?

Joseph Bernhart 1967 in seinem Garten an der Wörishofer Straße in Türkheim

Joseph Bernhart und Franziska Wenger 1967 im Garten an der Wörishofer Straße in Türkheim

Joseph-Bernhart-Gesellschaft

1982 zog ich wieder mit meiner Familie, die auf vier Personen angewachsen war, von Kempten nach Türkheim, baute hier ein Haus und unterrichtete in Landsberg. Kaum hatte sich meine Wiederkunft in Türkheim herum gesprochen, da stand schon Frau Wenger vor meiner Haustüre mit einem Aufnahmeantrag in die Joseph-Bernhart-Gesellschaft e.V. Ich brauche nur zu unterschreiben. Sie konnte sich nicht vorstellen, dass ein promovierter Türkheimer nicht in „ihrer" Gesellschaft ist. Ihre Ansprache war von einer solchen einfachen Bescheidenheit, dass ich mich überrumpelt fühlte und unterschrieb. Sie hatte auch gleich eine Aufgabe für mich: Folgende Woche hatte sie eine kleine Lesung aus Bernharts Werken im Rathaus in Türkheim organisiert und ich solle dort einen Text aus „Gestalten und Gewalten" vorlesen. Ich las vor und war überrascht, dass zu dieser Lesung Leute kamen die so taten, als würden ihnen die Bernhart-Texte gefallen. Ich verstand diese hingegen (noch) Großteils nicht.

1985 fragte mich Frau Wenger, ob meine Frau und ich nicht das Amt eines Schriftführers und eines Kassiers in der Joseph-Bernhart-Gesellschaft übernehmen würden. „Ich frage meine Frau" in der Hoffnung, dass diese kein Interesse daran zeigt. Prompt antwortete diese jedoch sofort mit „ja". Da konnte ich nicht mehr aus und wir wurden gewählt: mein Frau Erika zur Kassiererin, ich als Schriftführer.

Jahreshöhepunkte der Gesellschaft waren meistens die Jahresversammlung in Türkheim. Da ging es hoch her. Ein Tag vor der Versammlung rief bei uns die Polizeistation in Bad Wörishofen an und erkundigte sich, ob alles in Ordnung ist und dass sie das Türkheimer Pfarrheim schon durchsucht

haben, immerhin galt damals Theo Waigel nach Kanzler Helmut Kohl als der meistgefährdete Deutsche.
Etwas verspätet kam der Minister dann angefahren. Neben den Reden und den Formalitäten gehörte zu einer Versammlung das anschließende Zusammensitzen. Da gab es traditionell kostenlos Kaffee und Kuchen und Wienerle und Brezen. Einmal gingen dabei die Wienerle aus. Neben dem Pfarrheim war die Sonne, Gasthof und Metzgerei. In wenigen Minuten konnten hier Wienerle besorgt werden, obwohl es Samstag-Nachmittag war.

Jahresversammlung 1983 am 4. März im Gymnasium in Türkheim

Im Herbst 1983 erlebte ich erstmals eine Jahresversammlung der Gesellschaft an einem Freitagnachmittag im Aufenthaltsraum des Joseph-Bernhart-Gymnasiums in Türkheim. Als neues Mitglied fühlte ich mich verpflichtet daran teil zu nehmen. Auch war ich etwas neugierig. Ich wollte schon wissen, in welchen „Haufen" ich da geraten bin. Ich erinnere mich natürlich nicht mehr an alle Einzelheiten, aber einiges ist mir doch hängen geblieben. Da war die Frau Wenger, die überaktiv versuchte die Versammlung zu einem wichtigen und bedeutenden Treffen zu machen. Ich kann mich noch an Frau Prof. Hilde Sandtner erinnern, die meinte, dass sie gern für die Gesellschaft als Jahresgabe ein Buch mit Aphorismen von Joseph Bernhart schreiben würde. Dieser Vorschlag wurde vertagt, angeblich, da die Gesellschaft kein Geld hat, in Wirklichkeit traute man Frau Professor diese Aufgabe nicht so richtig zu. Und dann kann ich mich noch an den Bundestagsabgeordneten und Protektor der Gesellschaft, an Dr. Theo Waigel erinnern. Er kam etwas zu spät, zog seine Pfeife heraus und rauchte. Das wichtigste Thema war die anstehende Herausgabe einer Jahresgabe, aber wie sollte man diese finanzieren?

Jahresversammlung 1988 am 9. Juli in der Gemeindebücherei in Türkheim.

Prominente Gäste bei der Versammlung der Joseph-Bernhart-Gesellschaft in Türkheim: Dr. Theo Waigel, Monsignore Keppeler, Verleger Anton H. Konrad (von links). Links am Bildrand: Franziska Wenger. Bild: emf

von li.: Franziska Wenger, Maria Hefele, Pfarrer Albert Leinauer, Dr. Theo Waigel, Prof. Dr. Heinrich Fries, Msg. Johann Keppeler, Karl Weinhard, Verleger Anton Konrad.

aus der MZ vom 12.7.1988

Jahresversammlung 1989 am 23. September im Pfarrheim in Türkheim

:ht mehr für das Amt des ersten Vorsitzenden der Joseph-Bernhart-Gesellschaft kandirte Prof. Dr. Georg Schwaiger (zweiter von rechts), der jetzt Mitglied im Wissenschaftlin Beirat ist. Zweiter Vorsitzender ist Monsignore Johann Keppeler (links). Schriftführer Alois Epple (rechts) und seine Frau Erika als Kassenwartin wurden ebenfalls für tere drei Jahre in ihren Ämtern bestätigt. Bild: erz

aus der MZ vom 25. Sept. 1989

von li.: Prof. Dr. Manfred Weitlauff, Msg. Johann Keppeler (2. Vorsitzender), Erika Epple (Kassiererin), Prof. Dr. Georg Schwaiger (1. Vorsitzender), Dr. Alois Epple (Schriftführer)

Jahresversammlung 1990 am 29. September im Pfarrheim in Türkheim

aus der MZ vom 1.Oktober 1990

Finanzministerminister Dr. Theo Waigel, Prof. Dr. Manfred Weitlauff, Prof. Dr. Karl Hausberger im Pfarrheim in Türkheim

Finanzministerminister Dr. Theo Waigel, Prof. Dr. Heinrich Fries, Prof. Dr. Manfred Weitlauff, Prof. Dr. Karl Hausberger im Pfarrheim in Türkheim

Begrüßung durch Prof. Dr. Manfred Weitlauff im Pfarrheim

Dr. Theo Waigel im Gespräch mit Prof. Dr. Heinrich Fries und Prof. Dr. Manfred Weitlauff (ganz re.), im Hintergrund li. Dr. Manfred Eder im Gespräch mit Pfr. Dr. Joachim Seiler

Jahresversammlung 1993 am 19. Juni im Pfarrheim in Türkheim

Dr. Theo Waigel, Verlegersgattin Christl Konrad, Franziska Wenger

Prof. Dr. Manfred Weitlauff

Erika Epple, Dr. Theo Waigel, Dr. Franz Xaver Spengler

Dr. Alois Epple, Erika Epple, Dr. Theo Waigel

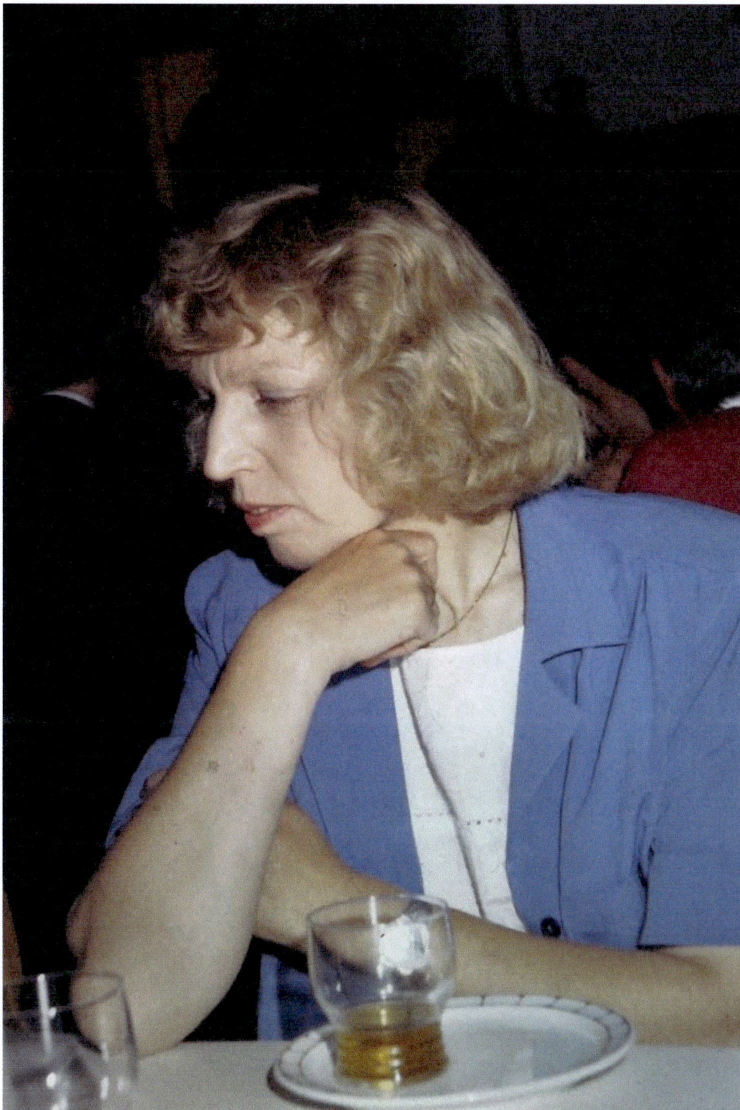

Erika Epple (+ 1999), Kassiererin der Joseph-Bernhart-Gesellschaft

Prof. Dr. Heinrich Fries, Unbekannter, Josef Othmar Zöller, Dr. Theo Waigel, P. Bernhard Sirch OSB, Karl Weinhard, ganz außen rechts: Dr. Thomas Groll

Dr. Theo Waigel, Prof. Dr. Eugen Biser, Prof. Dr. Manfred Weitlauff

linke Tischreihe Außenseite: Hermann Mors (Journalist aus Dillingen), Franziska Wenger, Dr. Ludwig Müller (später Prof., Bischof, Kardinal), Finanzminister Dr. Theo Waigel, Prof. Dr. Eugen Biser; Innenseite: Erika Grunert, ?, ?, Prof. Dr. Manfred Weitlauff, Prof. Dr. Karl Hausberger ?, ?
am rechten Tisch Innenseite im Vordergrund: Ilse und Karl Weinhard aus Esslingen, P. Bernhard Sirch OSB, Dr. Manfred Eder (heute Prof. Dr. Manfred Eder)

rechter Tisch, rechte Seite von hinten: Thomas Groll (heute: Domkapitular Dr. Thomas Groll), Axel Herrschke, ganz rechts im Vordergrund: Hildegard Schwermer aus Frankfurt, gegenüber von Thomas Groll: Manfred Eder (heute: Prof. Dr. Manfred Eder) linker Tisch, rot bekleidet: Erika Grunert, gegenüber Hermann Mors aus Dillingen ?

Dr. Ludwig Müller (später: Prof. Dr. Ludwig Müller, Kardinal), Dr. Theo Waigel (Finanzminister 1989 – 1998, CSU-Vorsitzender 1988 – 1999), Prof. Dr. Eugen Biser (1918 – 2014), Prof. Dr. Manfred Weitlauff (Rücken), 2 verdeckte Personen, ganz am Rand: Dr. Franz-Xaver Bischof (später: Prof. Dr. Franz Xaver Bischof)

Auf dem Weg zum Friedhof: 1. Reihe: Prof. Dr. Eugen Biser, Dr. Theo Waigel, Pfarrer Albert Leinauer, 2. Reihe: Leibwächter, 3. Reihe: Bernhard Grunert

Auf dem Weg zum Friedhof: 1. Reihe: Prof. Dr. Eugen Biser, Dr. Theo Waigel; Pfarrer Albert Leinauer 2. Reihe: Leibwächter und P. Bernhard Sirch OSB ?, 3. Reihe: Dr. Franz Xaver Spengler, Josef Othmar Zöller

Dr. Theo Waigel an Joseph Bernharts Grab auf dem Friedhof (Gottesacker) in Türkheim

an Joseph Bernharts Grab, von li: Dr. Franz Xaver Spengler, Josef Othmar Zöller, Erika Grunert, Prof. Dr. Eugen Biser, Dr. Theo Waigel, Pfarrer Albert Leinauer.

Pfarrer Ludwig Michale (?), Prof. Dr. Eugen Biser, Dr. Theo Waigel

Auf dem Türkheimer Friedhof, Dr. Theo Waigel wird hier von drei oder vier Leibwächtern „begleitet“.

Prof. Dr. Dr. Eugen Biser, ?, Dr. Franz Xaver Spengler, Dr. Theo Waigel, Josef Othmar Zöller

1. Reihe: Prof. Dr. Dr. Eugen Biser, Dr. Franz Xaver Spengler, Dr. Theo Waigel Josef Othmar Zöller, 2. Reihe Bernhart und Erika Grunert, Ludwig Seitz

Rückkehr vom Friedhof, rechts: Auto von Minister Theo Waigel und weiteres Auto der Leibwächter (Vorauskommando)

Dr. Theo Waigel und Prof. Dr. Heinrich Fries im Auto auf der Fahrt nach München

Frau Maurus und Dr. Theo Waigel vor dem Waaghaus in der Kirchenstraße.

Zu diesem Bild gibt es eine Geschichte: Die Versammlung war beendet und man stand noch, sich unterhaltend, im Foyer des Pfarrheimes. Plötzlich bahnte sich der Maurus Hans - wie fast jeden Samstag hatte er schon seine wohlverdienten Biere getrunken - einen Weg durch die Herumstehenden, vorbei an den Leibwächtern, auf Theo Waigel zu und redete diesen an: „Herr Minister, i hau zwar no nie CSU gewählt, aber sie send mir sympathisch. Über dr Strauß deana staut mei Mutter, dia will a Foto mit eana!" Ohne zu zögern ging Waigel zur Frau Maurus auf die anderen Straßenseite hinüber und so entstand dieses Bild.

Mitgliederversammlung 1995 am 25. November im Pfarrheim in Türkheim

Bei den Mitgliederversammlungen in Türkheim ging es oft hoch her. Da wurde Türkheim manchmal für wenige Stunden zum katholisch-religiösen Mittelpunkt Bayerns und die Türkheimer merkten nichts davon.
Nehmen wir die Versammlung am 25. November 1995 im Pfarrheim. Auf der Anwesenheitsliste unterschrieben damals der Augsburger Weihbischof Rudolf Schmid, Prof. Dr. Peter Neuner, Prof. Dr. Heinrich Fries, Finanzminister Dr. Theo. Waigel, der Dillinger Journalisten Hermann Mors, der in Türkheim geborenen und zeitweise 2. Vorsitzende der Gesellschaft Pfarrer Johann Keppeler, Prof. Hilde Sandtner, welche ihre Textilsammlung den Mindelheimer Museen vermachte, der Türkheimer Pfarrer Bernhard Hesse, der jetzige Mitarbeiter des Freisinger Diözesanarchivs Dr. Roland Götz aus Tegernsee, die Pfarrer Gerhard Groll, Ludwig Michale, Ludwig Gschwind, Joachim Seiler, der Kirchenhistoriker Prof. Dr. Rainer Bendel, Elmar Fiederer, ein Patenkind von Joseph Bernhart, Schwester M. Immolata Wetter, die Schwester von Kardinal Friedrich Wetter, Hildegard Schwermer aus Frankfurt a.M. welche Joseph Bernhart 1945 in Türkheim besuchte[4]. Karl Weinhard mit Frau aus Esslingen, große Verehrer Bernharts, das Verlegerehepaar Anton und Christl Konrad, Pater Dr. Lorenz Gadient, Prof. Dr. Manfred Eder aus Deggendorf, Prof. Franz Schad von der Universität Hohenheim, Dr. Abraham Kustermann, Direktor der kath. Adademie in Stuttgart, Landrat Hermann Haisch usw.

[4] Am 14. Oktober 1945 besuchte Hildegard Schwermer Joseph Bernhart in Türkheim. Joseph Bernhart schreibt: „Von dem jungen Mädchen hatte ich den besten Eindruck". (Manfred Weitlauff (Hg.): Joseph Bernhart – Tagebücher und Notizen 1935 – 1947), Weißenhorn 1997, S. 827

Jahresversammlung 1999 am 24. April in Pfarrheim in Türkheim

Prof. Dr. Peter Neuner hält den Vortrag: Ein Leben für die Ökumene – In Gedenken an Prof. Dr. Heinrich Fries (+ 19. November 1998). Auf der Bühne links ein Streichquartett.

Am 22. April war Theo Waigel 60 Jahre alt geworden. Wegen des Kosovo-Krieges sagte er die meisten Feiern zu seinem Geburtstag ab. Zwei Tage später kam er jedoch zur Versammlung der Joseph-Bernhart-Gesellschaft nach Türkheim. Prof. Dr. Peter Neuner sprach über Heinrich Fries, den Waigel sehr verehrte.

Dr. Theo Waigel bedankte sich für die Wünsche zu seinem 60. Geburtstag und ging auf seine Rolle als Protektor der Joseph-Bernhart-Gesellschaft ein. Die Veranstaltung wurde musikalisch umrahmt durch das Streichquartett (von links): Johannes Epple - 1. Violine, Klara Steber - 2. Violine, Ulrich Epple - Bratsche, Maximilian Epple – Cello. Zu Ehren von Theo Waigel spielte es u.a. „May way“ und „New York, New York“

Jahresversammlung 2001 am 22. September im Pfarrheim in Türkheim

Ich konnte die Jahresversammlung noch vorbereiten, dann hatte ich einen OP-Termin wegen meiner Hüfte. Im Krankenhaus fiel mir die Jahresversammlung der Bernhart-Gesellschaft ein. Ich rief am Abend vor der Versammlung und einen Tag nach meiner OP einen meiner Söhne an, erklärte ihm, wo die Unterlagen (Kassenbericht, Protokoll der letzten Sitzung, Mitgliederzahlen) in meinem Arbeitszimmer zu finden sind und bat ihn, diese in der Sitzung vorzutragen.
Als ich wieder zuhause war fragte ich ihn: „Nun, wie ist die Sitzung gelaufen? Klappte auch der Vortrag des Kassenberichts?“ Seine Antwort: „Der Waigel hat zu mir gesagt: Du machst des ja besser wia dein Vater!“ Mancher hätte sich vielleicht über diese Aussage geärgert, ich habe mich riesig gefreut.

Bernharts Weihnachtskrippe

Als Frau Wenger von Türkheim in ihren Geburtsort zog entledigte sie sich mancher sperrigen Erinnerungsstück an Joseph Bernhart. So schenkte sie mir eine Krippe, die sie von Joseph Bernhart erhalten hatte und die dieser zur Weihnachtszeit immer aufstellte. Dabei handelt es sich um bescheidene erzgebirgische Volkskunst (vgl. Bild unten).

Als ich noch ein Teenager war, da besuchte ich einmal mit meinem Vater in der Weihnachtszeit das Bernharthaus. Mein Vater war nämlich ein echter schwäbischer Krippeler, welcher auch Krippenfiguren schnitzte und Krippenställe baute. Er wollte die Krippe von der Senzi Bernhart sehen. Obwohl es jetzt schon über 60 Jahre her ist erinnere ich mich noch etwas an die Krippe von Joseph Bernharts Schwester. Sie war im Wohnzimmer im Erdgeschoss aufgebaut. Sie war nicht groß, die Figuren aber wertvoll. Die Köpfe waren aus Wachs, die Figuren bekleidet.
Joseph Bernharts Krippe im 1. Stock schauten wir nicht an! Anscheinend maß ihr mein Vater keinen besonderen Wert zu.

Grab von Joseph Bernhart und seiner Gemahlin auf dem Friedhof in Türkheim. Das Kreuz schnitzte Maria Elisabeth Stapp.